RAPPORTS

SUR LA PRISE

DE

LA VILLE D'ALGER,

CONTENANT

Un détail intéressant de toutes les opérations militaires, depuis le départ des troupes de Toulon, jusqu'à la prise d'Alger. — Attaque et prise du fort l'Empereur. — Convention entre le général en chef de l'armée française et le Dey d'Alger. — PRISE DE CETTE VILLE, de ses forts, de ses ports, et de 1500 pièces de canon en bronze.

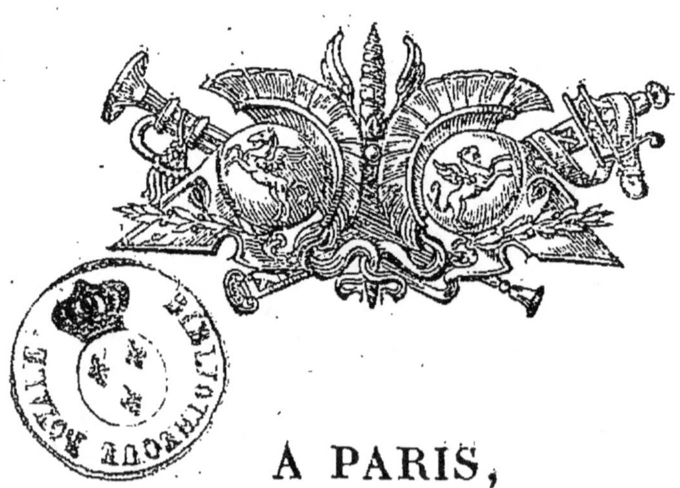

A PARIS,

CHEZ GAUTHIER, EDITEUR, RUE MAZARINE, N° 49.
VÉZARD, LIBRAIRE, PASSAGE CHOISEUL, N° 46.
1830.

RAPPORTS

SUR LA PRISE

DE

LA VILLE D'ALGER.

L'expédition d'Afrique, sur les succès et la durée de laquelle les sentimens semblaient partagés, doit être considérée comme terminée en 21 jours.

Les forces qui faisaient partie de l'expédition d'Alger se composaient d'environ 60 mille hommes.

La flotte était divisée en trois escadres : escadre de bataille, escadre de débarquement, et escadre de réserve.

Indépendamment des bâtimens, il y avait un convoi de près de 400 voiles pour le transport des subsistances.

Le premier mouvement d'embarquement commença à s'effectuer à Toulon, le 11 mai, et le 16, tout était embarqué.

Le 25, à deux heures de l'après-midi, le signal du départ fut donné par le vaisseau amiral ; mais les vents contraires, qui s'élevèrent pendant la traversée, s'opposèrent long-temps à la marche de la flotte et au débarquement des troupes.

Le 14 juin, à quatre heures du matin, toutes les troupes sont débarquées à Sidi-Ferruch, chassent l'ennemi de la position qu'il avait prise en arrière, et la division Berthezène lui prend neuf canons et deux mortiers.

Le 17, la flotte occupe la baie de Sidi-Ferruch.

Le 18, l'armée est entièrement débarquée; elle occupe les hauteurs en avant de la presqu'île. Les batteries ennemies sont enlevées; et notre quartier-général s'établit à Torre-Chica.

Le 19, le feu des batteries qu'avait construites l'ennemi n'arrêta pas un moment nos troupes. Les huit pièces qui les armaient furent enlevées par le 20ᵉ régiment de ligne; les Turcs et les Arabes avaient pris la fuite de toutes parts; leur camp tomba en notre pouvoir; 400 tentes y étaient dressées, celles de l'aga d'Alger, des beys de Constantine et de Titeri, sont de la plus grande magnificence. On a trouvé une quantité considérable de poudre et de projectiles, des magasins de subsistances, plusieurs troupeaux de moutons et environ cent chameaux.

Le 20, six mille Arabes se sont présentés à nos avant-postes, pour faire leur soumission à l'armée française; on les a engagés à se retirer chez eux, et ils ont promis de le faire.

Dans la nuit suivante, un autre corps d'Arabes s'est également présenté. Nos troupes se disposaient à le repousser; mais les Arabes, après avoir déchargé leurs armes en l'air, firent leur soumission, et on leur fit la même réponse.

Le 28, nos avant-postes étaient aux prises avec l'ennemi qui avait fortifié ses positions en avant du château de l'Empereur.

Le 29, nous sommes maîtres des positions qui dominent le fort de l'Empereur, et nous avons pris à l'ennemi 25 pièces de siége.

Le 1er juillet, ce fort est battu en brèche et emporté. Le même jour une escadre de guerre, commandée par le contre-amiral Rosamel, et composée des grandes frégates, s'embossa dans la baie d'Alger, du côté de Bab-Azoun, et foudroya le fort de ce nom ainsi que les batteries du faubourg, pendant l'attaque du fort l'Empereur.

Le 2, les opérations commencèrent contre le corps de la place, l'escadre continuant ses feux de bordée. Il paraît que les remparts d'Alger se trouvaient enfilés à ricochet par les volées de boulets de nos frégates.

Et le 5 du même mois, le Dey, la milice turque et la population d'Alger se rendent à discrétion.

Rapport adressé à S. Exc. le ministre de la marine et des colonies, par M. l'amiral Duperré.

Vaisseau *la Provence*, devant Alger, le 3 juillet 1830.

Monseigneur,

J'expédie *la Cornélie* à Toulon, pour porter les dépêches du général en chef. L'armée, depuis l'af-

faire du 29, a pris position pour former l'investisse-
ment et l'attaque du fort l'Empereur. Je ne puis plus
être tenu bien au courant de ses mouvemens et opérations. Je sais que la construction des batteries d'attaque touche à sa fin. Elles devaient ouvrir leur feu
aujourd'hui ; ce sera sans doute pour demain. (Il est
six heures du matin, j'entends leurs premiers coups.)

Dès le 29, pour seconder les opérations de l'armée
de siége, j'avais ordonné une fausse attaque sur les
batteries de mer de l'ennemi, afin d'attirer son attention sur plusieurs points à la fois et de l'engager à
rappeler les canonniers aux batteries, et même partie
de la garnison. Un calme profond dans toute la journée du 30 s'est opposé à l'exécution de l'ordre. Le
1er juillet, une brise maniable de l'ouest a permis le
mouvement ; l'amiral Rosamel, avec sa division, a
défilé sous les batteries, depuis la pointe Pescade
jusqu'au Môle, à grande portée de canon, en ripos-
tant de ses batteries au feu de l'ennemi. En défilant
devant les forts, on a reconnu qu'ils étaient démunis
de leurs canonniers, car le feu n'a commencé que sur
les vaisseaux du centre. Après l'arrivée des canonniers, qui auront été rappelés d'autres points, leur feu
est alors devenu continuel sur chacun de nos bâtimens,
sans les atteindre, quoique plusieurs les dépassassent.
Entre une assez grande quantité de bombes lancées,
et dont une majeure partie a éclaté en l'air, une est
tombée au large du vaisseau du contre-amiral de Rosamel, à petite distance de lui et du brick *le Dragon*.
La division, parvenue à la portée des formidables
remparts du Môle, a échangé ses boulets avec ceux
de l'ennemi, et a continué sa route pour la baie, où
elle a trouvé un calme profond, qui l'a entraînée sous
Matifou, où elle a été retenue hier toute la journée,
ce qui l'a empêchée de renouveler le même mouvement, et où je l'ai ralliée dans la soirée.

J'étais parti hier de la baie de Sidi-Ferruch, avec le calme, mais remorqué par un bateau à vapeur. J'ai, en même temps, fait appareiller sept des vaisseaux armés en flûte dont j'ai formé une division, sous le commandement de M. le capitaine de vaisseau Ponée. Elle croisera à l'ouvert de la baie, en communication avec elle et la partie de l'armée réunie devant Alger, sous mon pavillon. Cette disposition était urgente pour la conservation et la sûreté de l'armée. Trois fois, dans trois coups de temps, du 15 au 26, elle a été compromise. L'opération du déchargement de toute la flotte touchait à sa fin. J'ai pris des dispositions pour le terminer dans trois jours, et pour assurer celui des divers navires (subsistances et approvisionnemens) qui arriveront successivement et isolément. Mais ceux-ci sont au compte du fournisseur général, et ne font pas partie du grand convoi, dont j'espère que le déchargement et la réexpédition partielle seront entièrement terminés vers le 6. J'en ai laissé le soin à M. le capitaine de vaisseau Cuvillier, qui a pris provisoirement le commandement et la direction de tous les mouvemens de la baie: car je compte retirer aussi le vaisseau *le Superbe*. Je lui ai laissé quatre frégates de 24, armées en flûte, une de 18, et des flûtes, avec un secours d'embarcations et de corvées d'hommes, montant à quatorze cents hommes. Les trois équipages temporaires fournis pour renforcer la garnison du camp retranché, et mis à la disposition du colonel nommé par le général en chef pour y commander, forment un effectif d'environ 2100 hommes. Ainsi donc la marine n'a pu faire cet énorme sacrifice qu'aux dépens de l'armement des vaisseaux; mais elle fera tout pour contribuer aux succès des armes de S. M.

Le général en chef m'a informé qu'il faisait la demande en France d'une brigade de la réserve. Le port de Toulon aura, en bâtimens de guerre appartenant à l'armée, les moyens de pourvoir à leur passage. La plus grande partie des transports est d'ailleurs retournée à sa disposition. L'embarras que nous sommes sur le point d'éprouver, est celui de l'eau, et, pour quelques bâtimens, celui de l'eau et des vivres. J'en ai demandé à Toulon. J'enverrai partiellement faire de l'eau à Mahon. Mais le moment ne me paraît pas encore venu d'isoler une partie des bâtimens de l'armée.

———————

Le 3 juillet, à 5 heures du soir.

J'avais suspendu la remise des dépêches à *la Cornélie*, parce que l'armée manœuvrait pour défiler sur les batteries, et effectuer, par une attaque sérieuse, une diversion utile aux opérations de l'armée. Les derniers coups de canon viennent d'être tirés, et je n'ai le temps que de vous en rendre un compte fort succinct.

Toute la matinée, l'armée à laquelle le calme n'avait pu permettre de se rallier à aucun ordre, cherchait, d'après le signal que j'en avais fait, à se ranger à l'ordre de bataille. A 2 heures, 10 vaisseaux et frégates, soit de l'escadre de bataille, soit de l'escadre de débarquement, y étaient parvenus, en se formant sur le vaisseau amiral qui avait la tête. Les autres cherchaient à prendre leur poste. A 2 heures 15 minutes, l'armée a laissé arriver en ligne, pour défiler sur toutes les batteries de mer, en commençant par les trois de la pointe de Pescade. Un peu avant d'arriver par leur travers, j'ai reconnu qu'elles étaient évacuées par l'ennemi, et, en même temps, j'ai aperçu un détachement de nos troupes qui descendait d'un camp voisin, et qui en avait pris possession et y avait fait flotter un mouchoir blanc, qui a bientôt été remplacé par un pavillon envoyé dans un canot de *la Bellone* qui, par sa position, se trouvait en avant de l'armée. Ce mouvement d'évacuation avait sans doute été provoqué par l'attaque faite, le 1er, par M. le contre-amiral de Rosamel, et la reconnaissance que j'avais faite hier, en ralliant l'armée. Ces batteries sont au nombre de trois : une de 5 canons était désarmée ; la 2e, armée de 18 canons, et la 3e de 10 canons avaient conservé leurs pièces et leur armement. Une batterie rasante, voisine de celles-ci, était également évacuée. L'ennemi, dans ce mouvement, avait eu sans doute l'intention de réunir tous ses canonniers sur les forts et batteries plus rapprochés de la ville, sur celles de la place et sur celles de la marine.

A 2 heures 40 minutes, le capitaine de vaisseau Gallois, commandant *la Bellone*, en avant de l'armée, a ouvert sur le fort des Anglais, à petite portée de ses canons de 18, un feu vif et bien soutenu. L'ennemi y a riposté ausssitôt. A 2 heures 50 minutes, le vaisseau amiral, à demi-portée de canon, a commencé le feu, et successivement tous les bâtimens de l'armée, je dirai même jusqu'aux bricks, ont défilé, à demi-portée de canon, sous le feu tonnant de toutes les batteries, depuis celle des Anglais jusqu'à celles du Môle inclusivement. Les bombardes ont riposté sous voiles aux bombes nombreuses lancées par l'ennemi. Le feu vient de cesser à 5 heures avec le dernier bâtiment de l'armée. Aucun n'a d'avarie apparente et ne doit avoir fait de perte notable par suite du feu de l'ennemi, si j'en juge par le vaisseau amiral. Mais, par une fatalité inouïe, le funeste événement, arrivé il y a près de deux ans à bord du vaisseau, s'est renouvelé. Une pièce de 36 a crevé dans la batterie, dix hommes ont été tués, et quatorze blessés : au nombre de ces derniers est M. Bérard, lieutenant de vaisseau, brave et digne officier. Jusqu'ici on ne croit pas ses blessures graves.

Quand j'aurai reçu les rapports particuliers des commandans des vaisseaux, je pourrai citer à V. Exc. les traits de courage qui ont pu plus particulièrement fixer leur attention. La mienne n'a pu s'arrêter plus sur un bâtiment que sur un autre. J'étais cependant à même de suivre tous les mouvemens et de juger du feu de chacun, pendant deux heures qu'a duré la canonnade, à demi-portée, sous un front de peut-être 300 pièces d'artillerie. Je dois également des éloges à tous les commandans, officiers et marins de l'armée.

Tel est, Monseigneur, après le premier mouvement effectué avant-hier par la division de l'amiral Rosamel, celui opéré aujourd'hui par l'armée navale. Il a dû être une diversion puissante et produire un grand effet sur le moral de l'ennemi.

V. Exc. m'excusera de ne pas entrer dans de plus grands détails, mais je ne puis retarder le départ de la corvette que j'expédie.

Agréez, etc.

Le vice-amiral, commandant en chef l'armée navale,

DUPERRÉ.

——————

Rapport adressé à S. Exc. le ministre de la ma-
rine et des colonies, par M. l'amiral Duperré.

Vaisseau *la Provence*, baie d'A'ger, le 6 juillet 1830.

Monseigneur,

Le 4 de ce mois, le lendemain de l'attaque faite par l'armée navale, sous mon commandement, sur les forts et batteries d'Alger, dont le principal objet était de rappeler en ville les canonniers et les troupes de l'ennemi que j'avais vus se porter en grand nombre au château de l'Empereur, les batteries de siège ont ouvert leur feu sur le fort à trois heures du matin. A dix heures, après une explosion terrible, qui a été entendue à 60 milles au large, nous avons reconnu le fort en partie détruit, et nos troupes en ont pris possession. Une demi-heure après, je préparais un mouvement pour renouveler une attaque sur les batteries de mer, quand, retardé par les vents peu favorables, je me suis vu d'ailleurs forcé de suspendre l'exécution de mon projet, par l'arrivée d'un canot parlementaire qui avait à son bord l'amiral de la flotte algérienne, pour me supplier, au nom du Dey, de cesser les hostilités, et réclamer la paix.

On apercevait, dans le même moment, un autre parlementaire se dirigeant vers le château de l'Empereur. Nos batteries et celles de l'ennemi avaient suspendu leur feu. J'ai chargé l'envoyé de dire à son maître que les dispositions de l'armée sous mes ordres seraient subordonnées à celles de l'armée de terre, dont il devait d'abord s'assurer auprès du général en chef. La soirée et la nuit se sont passées sans hostilités. Hier matin, à 5 heures, l'envoyé est revenu renouveler ses sollicitations. J'y ai répondu par la note ci-jointe, que je l'ai chargé de remettte au Dey, tout en lui remettant une copie pour le général en chef de l'armée de terre. Dès midi, le pavillon algérien ne flottait plus sur la Casauba et quelques forts voisins. Nous apercevions nos troupes en mouvement sur la ville : à 2 heures 40 minutes, le pavillon du Roi flottait sur le palais du Dey, et a été successivement arboré sur tous les forts et batteries. L'armée navale l'a aussitôt salué de vingt-un coups de canon au milieu des cris répétés de *vive le Roi!*

Aujourd'hui, je viens de faire mouiller le vaisseau *la Provence* sous les murs d'Alger. Les autres bâtimens de l'armée, partagés en deux divisions, sous le commandement du contre-amiral de Rosamel et du capitaine de vaisseau Ponée, croisent à l'ouvert des baies d'Alger et de Sidi-Ferruch.

J'expédie en toute hâte le bateau à vapeur *le Sphinx*, porteur des dépêches de M. le comte de Bourmont et des miennes.

Mon premier soin a été de réclamer nos malheureux prisonniers du *Sylène* et de *l'Aventure*. Ils viennent de m'être rendus, et je les expédie pour la France. Ils ont bien souffert depuis l'époque de notre débarquement, mais bien plus de l'exaspération de la populace que de celle du Dey. Néanmoins, aucun de ceux échappés au massacre des Arabes, et dont la liste vous a été adressée, n'a succombé à ses souffrances.

Je prie V. Exc. d'agréer, etc.

Le vice-amiral, commandant en chef l'armée navale,

DUPERRÉ.

Note adressée au Dey d'Alger, par l'amiral commandant en chef l'armée navale.

Vaisseau *la Provence*, devant Alger, le 5 juillet 1830.

L'amiral soussigné, commandant en chef l'armée navale de S. M. T. C., en réponse aux communications qui lui ont été faites au nom du Dey d'Alger, et qui n'ont que trop long-temps suspendu le cours des hostilités, déclare que tant que le pavillon de la régence flottera sur les forts et sur la ville d'Alger, il ne peut plus recevoir aucune communication, et la considère comme en état de guerre.

Le vice-amiral, commandant en chef l'armée navale,

DUPERRÉ.

DÉTAILS

SUR LA

REDDITION D'ALGER.

———

Le lieutenant - général , commandant en chef l'expédition d'Afrique, à Son Excellence le président du conseil des ministres.

A la Casauba, le 5 juillet, à 3 heures après midi.

PRINCE ,

L'ouverture du feu devant le fort de l'Empereur fut différée jusqu'au 4 juillet pour que toutes les batteries de siége pussent tirer à la fois. Je pensai qu'imposer à l'ennemi dès le premier jour par une grande supériorité de feu, ce serait abréger la durée des opérations ultérieures.

La tranchée avait été ouverte dans la nuit du 29 au 30 juin. Depuis lors , les travaux n'avaient pas été un moment interrompus. Pendant la nuit et même aux heures où les travailleurs sont ordinairement relevés, l'artillerie ennemie tirait peu. Pendant le jour des tirailleurs turcs et arabes se glissèrent à la faveur des buissons dans les ravins qui se trouvaient à la gauche des attaques. Ils blessaient un assez grand nombre d'hommes; mais bientôt des épaulemens mirent les troupes à couvert.

On devait s'attendre à des sorties vigoureuses. L'occupation du fort de l'Empereur permettait à l'ennemi de se rassembler sans danger en avant de la Casauba : il n'a point profité de cet avantage. Au reste, tout étant disposé pour le bien recevoir, les batteries avaient été construites avec une étonnante rapidité. Parmi les 26 bouches à feu qui les armaient, on comptait 10 pièces de 24, 6 pièces de 16, 4 mortiers de 10 pouces, et 6 obusiers de 8 pouces.

Tout fut prêt le 4 avant le jour. A 4 heures du matin, une fusée donna le signal, et le feu commença. Celui de l'ennemi pendant trois heures y répondit avec beaucoup de vivacité. Les canonniers turcs, quoique l'élargissement des embrasures les mît presque à découvert, restaient bravement à leur poste; mais ils ne purent lutter long-temps contre l'adresse et l'intrépidité des nôtres, que le général Lahitte animait de son exemple et de ses conseils. A 8 heures le feu du fort était éteint, celui de nos batteries continua de ruiner les défenses. L'ordre de battre en brèche avait été donné, et commençait à

s'exécuter, lorsqu'à 10 heures une explosion épou-
table fit disparaître une partie du château; des jets de
flamme, des nuages de poussière et de fumée, s'élevèrent à une hauteur prodigieuse; des pierres furent
lancées dans toutes les directions, mais sans qu'il en
résultât de graves accidens. Le général Hurel com-
mandait la tranchée; il ne perdit pas un moment
pour franchir l'espace qui séparait nos troupes du
château et pour les y établir au milieu des décom-
bres. Il paraît certain qu'à 9 heures les défenseurs
découragés étaient rentrés dans la ville en s'écriant
qu'on les sacrifiait inutilement, et qu'alors le Dey
avait ordonné qu'on fît sauter le magasin à poudre
du château.

A 2 heures un parlementaire me fut conduit sur
les ruines du château de l'Empereur : c'était le secrétaire du Dey. Il offrit d'indemniser la France
pour les frais de la guerre; je répondis qu'il fallait
avant tout que la Casauba, les forts et le port fussent
remis aux troupes françaises; après avoir paru dou-
ter que cette condition fût acceptée, il convint que
l'obstination du Dey avait été funeste. Lorsque les
Algériens, dit-il, sont en guerre avec le Roi de
France, ils ne doivent pas faire la prière du soir,
avant d'avoir obtenu la paix. Il retourna dans Alger.
Peu de temps après, deux des Maures les plus riches
d'Alger furent envoyés par le Dey. Ils ne dissimulè-
rent pas que l'effroi était à son comble parmi les mi-

litaires et parmi les habitans, et que tous faisaient
des vœux pour que l'on traitât sur-le-champ. Ils
demandèrent que je fisse cesser le feu, en promet-
tant que, dès-lors, l'artillerie de la place se tairait.
Cette suspension d'hostilités eut lieu en effet. Le général Valazé la mit à profit pour ouvrir des communications en avant du fort de l'Empereur. A 3 heures,
le secrétaire du Dey revint, accompagné du consul
et du vice-consul d'Angleterre. Il demanda que les
conditions de la paix fussent mises par écrit. Elles le
furent, et je lui fis remettre une pièce dont votre
Excellence trouvera la copie ci-jointe. A 4 heures,
le secrétaire se présenta pour la troisième fois. Le
Dey faisait demander qu'on lui envoyât un interprète
à l'aide duquel il pût comprendre tout ce qu'on exi-
geait de lui. M. Bracheconti, ancien premier interprète de l'armée d'Egypte, se rendit dans la Casauba.
Le Dey, lorsqu'on lui eut donné connaissance du
projet de convention, dit qu'il en acceptait les conditions, et que la loyauté française lui inspirait une
entière confiance. J'avais signé la convention; il la
revêtit de son sceau ; mais il demanda que l'armistice
fût prolongé jusqu'au 5, à midi, pour qu'il eût le
temps de rassembler son conseil et de le décider à
souscrire aux conditions imposées. Le feu fut suspendu jusqu'à nouvel ordre. Cependant les travaux
continuèrent, et le 5, à la pointe du jour, une communication de 800 mètres liait le château de l'Empe-

reur à l'emplacement que devait recevoir la batterie de brèche à établir contre la Casauba. Aujourd'hui, les deux Maures sont revenus. Ils étaient chargés par le Dey, de confirmer l'engagement qu'il avait pris en apposant son sceau sur la convention ; mais il demandait que l'occupation fût différée de 24 heures. J'exigeai que les forts, le port et la ville fussent remis aux troupes françaises, à 11 heures du matin. Le Dey y consentit, et dans ce moment, l'étendard de France flotte sur les tours de cette cité, dont l'abaissement était depuis tant de siècles l'objet des vœux de l'Europe entière. Le Dey s'est retiré dans une maison de la ville qu'il occupait avant de s'établir dans la Casauba : l'engagement que j'ai pris de faire respecter sa personne sera tenu fidèlement.

L'ardeur et l'intrépidité qu'ont montrées les troupes de toutes les armes depuis le commencement du siége sont au-dessus de tout éloge. Les officiers et les soldats d'artillerie et du génie ont soutenu la vieille renommée de leurs corps, la vigueur et les talens des généraux qui les commandent ont puissamment contribué à la rapidité de nos succès. Les combats qu'a livrés l'armée en rase campagne avaient mis hors de doute la supériorité de la nouvelle artillerie de campagne sur celle de Gribeauval. La supériorité de la nouvelle artillerie siége n'est pas moins démontrée. Des pièces de 24 ont été conduites de Sidi-Ferruch au camp de siége, avec presqu'autant de rapidité que l'avait été l'artillerie de campagne.

Les scellés ont été apposés sur les propriétés publiques. On va procéder à l'inventaire. J'aurai l'honneur de faire connaître le résultat à Votre Excellence.

J'ai l'honneur d'être avec une haute considération, Prince,

De Votre Excellence,

Le très-humble et très-obéissant serviteur,

Le lieutenant-général, pair de France, commandant en chef l'armée d'expédition d'Afrique,

Signé, comte BOURMONT.

———

CONVENTION

ENTRE

LE GÉNÉRAL EN CHEF DE L'ARMÉE D'AFRIQUE ET LE DEY D'ALGER.

Le fort de la Casauba, les autres forts qui dépendent d'Alger et le port de cette ville seront remis aux troupes françaises, ce matin à 10 heures (heure française).

Le général en chef de l'armée française s'engage envers Son Altesse le Dey d'Alger à lui laisser la liberté et la possession de ce qui lui appartient personnellement.

Le Dey sera libre de se retirer avec sa famille et ce

qui lui appartient, dans le lieu qu'il fixera; et tant qu'il restera à Alger, il sera, lui et toute sa famille, sous la protection du général en chef de l'armée française : une garde garantira la sûreté de sa personne et celle de sa famille.

Le général en chef assure à tous les soldats de la milice, les mêmes avantages et la même protection.

L'exercice de la religion mahométane restera libre ; la liberté des habitans de toute classe, leur religion, leurs propriétés, leur commerce et leur industrie ne recevront aucune atteinte; leurs femmes seront respectées; le général en chef en prend l'engagement sur l'honneur.

L'échange de cette convention sera fait avant dix heures ce matin, et les troupes françaises entreront aussitôt dans la Casauba, et successivement dans tous les autres forts de la ville et de la marine.

Au camp devant Alger, le 5 juillet 1830.

Signé, comte DE BOURMONT.

(*Ici le Dey a appliqué son sceau.*)

Pour copie conforme :

Le lieutenant-général, chef d'État-Major-général,

Signé, DESPRÈS.

Déposé à la Direction de l'Imprimerie & de la Librairie.

LE NORMANT FILS, IMPRIMEUR DU ROI, RUE DE SEINE, N° 8.

www.ingramcontent.com/pod-product-compliance
Lightning Source LLC
LaVergne TN
LVHW050241030726
842520LV00006B/2141